NÁUFRAGOS NA NOITE SEM FIM

O 107º livro do autor das séries "OLYMPUS" e "EROTIQUE"

MARCOS AVELINO MARTINS

POEMAS

NÁUFRAGOS NA NOITE SEM FIM

TEXTOS, REVISÃO, PROJETO GRÁFICO, DIAGRAMAÇÃO E CAPA:

MARCOS AVELINO MARTINS

(cygnusinfo@gmail.com)

IMAGEM DA CAPA:
https://pixabay.com/photos/book-cover-4194807

(imagem do Pixabay por Stefan Keller)

Copyright © 2022 by Marcos Avelino Martins

M386

Martins, Marcos Avelino, 1953 -
Náufragos na noite sem fim / Marcos Avelino Martins – Goiânia-GO

Edição do autor, Maio/2022
117 p.

ISBN: 979-88-21-10319-2

1. Literatura. 2.Poesia. I. Martins, Marcos Avelino. II. Título

CDU:821.134.3(81)-1

Agradeço às inúmeras pessoas que contribuíram com histórias, postagens ou imagens que serviram de fonte de inspiração para alguns poemas desse livro.

Outros livros do autor, todos eles publicados no Clube de Autores e na Amazon, em versão impressa e digital:

001. OS OCEANOS ENTRE NÓS
002. PÁSSARO APEDREJADO
003. CABRÁLIA
004. NUNCA TE VI, MAS NUNCA TE ESQUECI
005. SOB O OLHAR DE NETUNO
006. O TEMPO QUE SE FOI DE REPENTE
007. MEMÓRIAS DE UM FUTURO ESQUECIDO
008. ATÉ A ÚLTIMA GOTA DE SANGUE
009. EROTIQUE
010. NÃO ME LEMBREI DE ESQUECER DE VOCÊ
011. ATÉ QUE A ÚLTIMA ESTRELA SE APAGUE
012. EROTIQUE 2
013. A CHUVA QUE A NOITE NÃO VIU
014. A IMENSIDÃO DE SUA AUSÊNCIA
015. SIMÉTRICAS – 200 SONETOS (OU COISA PARECIDA) DE AMOR (OU COISA PARECIDA)
016. AS VEREDAS ONDE O MEU OLHAR SE PERDEU
017. A MAGIA QUE SE DESFEZ NA NOITE
018. QUAL É O SEGREDO PARA VIVER SEM VOCÊ?
019. OS TRAÇOS DE VOCÊ
020. STRADIVARIUS
021. OS SEGREDOS QUE ESCONDES NO OLHAR
022. ATÉ SECAREM AS ÚLTIMAS LÁGRIMAS
023. EROTIQUE 3
024. OS POEMAS QUE JAMAIS ESCREVI
025. TUA AUSÊNCIA, QUE ME DÓI TANTO
026. OS DRAGÕES QUE NOS SEPARAM
027. O VENTO QUE NA JANELA SOPRAVA
028. EROTIQUE 4
029. A NOITE QUE NÃO TERMINOU NUNCA MAIS

<u>NÁUFRAGOS NA NOITE SEM FIM</u>

Eu me perdi de você,

Que de mim também se perdeu,

Dois perdidos nessa vida imensa,

Tentando descobrir o porquê

Dessa perda que tanto doeu,

Dessa estranha doença

Sem cura, de feridas expostas,

Que deixou essa nostalgia

No meu peito que segue sangrando,

Numa eterna procura de respostas

Para essa terrível sangria,

Num outono que vai se alargando,

Nessa noite que nunca termina,

Negra como os olhos fundos,

Carregados de uma dor indizível,

Nos quais baila uma infame tristeza,

Contagiosa como o vírus que veio da China,

E que deixou ferimentos profundos
Nesses dois náufragos num oceano invisível,
A vagar eternamente contra a correnteza...

Vídeo relacionado: **Nat King Cole & Natalie Cole - Unforgettable**
https://www.youtube.com/watch?v=-K80kMe5vd8

PERSONAGENS INVENTADOS

Não compartilho aqui minhas histórias,
Mas as de personagens inventados,
Não extraio fatos de minhas memórias,
Nem entrego segredos jamais revelados.

Essas tantas aventuras sensuais,
Que conto despudoradamente,
Não passam de elucubrações mentais,
Criadas por minha fértil mente.

As histórias que narro nas entrelinhas,
Surgidas em sonhos que as noites trouxeram,
São lembranças que não são minhas,
E nem mesmo sei de onde vieram.

Esses desventuras de amores no ocaso
Talvez tenham ocorrido em vidas passadas,
E, quem sabe, eu as tenha ouvido por acaso,
Ou apenas foram por mim mesmo imaginadas...

Vídeo relacionado: **Don McLean - Castles in the air**
https://www.youtube.com/watch?v=yNidllCtHZc

<u>SOMENTE UMA VEZ</u>

Foi somente uma vez,
E depois nunca mais,
Toda aquela loucura,
Beijos incandescentes,
Toques não censurados,
Cadeados abertos,
Dos quais jogamos fora
Chaves e segredos,
Espelhos escandalizados
Com todos aqueles gemidos,
Uma banheira cuja água fervia,
Não por causa da temperatura dela,
Mas de nossos corpos incendiários,
Um do outro cúmplices,
Naqueles poucos momentos,
Gravados indelevelmente na memória,
Mas nunca mais reprisados,
Nem tampouco esquecidos...

Vídeo relacionado: **James Ingram - Just once**
https://www.youtube.com/watch?v=IGSb-F0ySXs

LIVRO DAS REENCARNAÇÕES

Nas areias de Marte
Sob o Sol do Saara,
Ou em outro lugar qualquer,
Eu te reencontrarei
E de novo te amarei,
Como acontece
Em todas as nossas vidas,
Pois assim está escrito
No Livro das Reencarnações...
Estamos um ao outro predestinados,
Para todo o sempre,
É só uma questão de tempo,
Até nossos olhos se cruzarem,
E instantaneamente nos reconheceremos,
Então o amor subitamente brotará outra vez,
Nessas almas mutuamente conectadas,
Programadas para se amarem
Por toda a eternidade...
E nada nos resta a fazer,

Senão nos rendermos,
Abraçarmo-nos com frenesi,
Beijarmo-nos loucamente,
E com fúria nos amarmos,
Pela primeira vez (outra vez),
E seguidamente, até nos exaurirmos,
Para matarmos a saudade,
Acumulada desde a vida pregressa,
E nos abandonarmos, com toda a entrega,
Sem jamais nos questionarmos,
À força inexplicável desse amor imortal...

Vídeo relacionado: **Kenny Rogers - Endless love**
https://www.youtube.com/watch?v=irMl52LPgBQ

<u>SEM CONSIDERAÇÃO</u>

Um dia, confessei meu amor,
Mas ela me descartou,
Sem qualquer consideração,
Virou as costas e se foi.
Vida que segue,
E eu a esqueci,
Depois de algum tempo,
Quando a amargura passou.
E agora, anos depois,
Encontramo-nos numa festa,
Eu a cumprimentei com um aceno,
E ela me chamou, com um sorriso,
E, quando cheguei perto,
Perguntou-me como estou,
E disse-me estar com saudades,
Pois nunca mais me vira
Depois daquele dia,
Em que estava mal-humorada,
Cheia de problemas familiares,

E pediu-me desculpas pela grosseria

E disse que quis me ligar no dia seguinte,

Para pedir-me perdão,

Mas não tinha o meu telefone...

Olhei-a no fundo dos olhos,

E, pela tristeza que neles bailava,

Soube que estava falando a verdade,

Aproximei-me, dei-lhe um abraço

E um beijo de leve no rosto,

E disse-lhe que estava tudo bem,

Tinha sido apenas uma pena,

Pois eu estava muito a fim dela,

E então, ela me encarou,

Face a face, ainda próximos,

Com um sorriso dúbio,

E perguntou-me se ainda estava a fim!

Eu respondi que o tempo apaga lembranças ruins,

Mas apenas disfarça sentimentos,

Fazendo de conta que não mais existem,

Mas que, naquele momento,

Faltava só um ligeiro empurrão,

Para que tudo voltasse no tempo,
E então, ela me beijou, docemente,
Um beijo inesquecível,
Como poucos que eu recebera,
Que abalou minhas estruturas,
E fez-me levitar com os pés no chão,
Fazendo-me perdoá-la sem ressentimentos,
Pois foi então que eu soube
Que seríamos um par,
Para todo o sempre,
Ou, na pior das hipóteses,
Até que a morte nos separasse...

Vídeo relacionado: **Phil Collins - Take a look at me now**
https://www.youtube.com/watch?v=XMbrLfKxEkA

<u>ETERNAMENTE</u>

Eternamente, tu te entranhaste,
Penetrando nas minhas artérias,
E no sangue que contaminaste
Causaste consequências bem sérias,

Pela tristeza que me legaste,
Deixando-me com tantas memórias,
Desde o momento em que me deixaste,
Apagando tão lindas histórias...

Minhas células estão repletas,
Minhas sinapses de ti estão cheias,
Que fazer das lendas incompletas,

Se percorres ainda as minhas veias,
Sobre meus versos ainda te projetas,
Tantas doces lembranças permeias?

Vídeo relacionado: **Nicola Di Bari - Eternamente**
https://www.youtube.com/watch?v=PpCYRZRph9c

<u>CONFISSÃO</u>

Você enxerga
Dentro de mim,
Como não pensei
Que fosse possível!

Você desvenda
Os meus mistérios,
Descobre os segredos
Que escondi de mim mesmo!

Você adivinha
O que nunca lhe disse,
Mesmo estando implícito
Em meu olhar apaixonado!

Você descobre
Tudo o que ocultei
Por anos a fio,
No fundo do coração!

Você consegue
De mim uma confissão,
Algo que nunca dissera:
"Eu te amo"...

Vídeo relacionado: **Nana Caymmi - Dois corações**
http://www.youtube.com/watch?v=36QUIdArdV8

<u>POEMA EM 'V' Nº 12</u>

Venha ouvir

Versos vigorosos,

Volúveis,

Versáteis,

Vagando devagar,

Divagando...

Venha ouvir

Suaves valsas vienenses,

Ouvidos vigilantes,

Vedando

Volumes excessivos,

Destravando chaves,

Desvelando virtudes

Voláteis,

Desbravadas,

Desvendadas,

Vozes aveludadas,

Viciantes aventuras,

Vorazes,
Selvagens,
Verdadeiras venturas...

Vídeo relacionado: **Maysa - Ouça**
https://www.youtube.com/watch?v=ofgmghxkMaw

<u>MOMENTOS E ETERNIDADES</u>

A percepção do tempo
É apenas relativa,
O que para você é instantâneo,
Para mim pode ser permanente.

Algo que parece momentâneo,
Pode durar para sempre,
Pulsando em *flashbacks*,
Que nunca terminam...

O tempo comprime-se
Ou dilata-se,
Ao sabor das correntes
E pensamentos.

Assim, nosso amor durou
Alguns poucos momentos,
Mas em mim permanece
Por toda a eternidade...

Vídeo relacionado: **Ronnie Milsap - In no time at all**
https://www.youtube.com/watch?v=Qp0NeOYyOvc

CARROSSEL DE DELÍRIOS

O jogo acabou,
Basta de mentiras
E ilusões,
Tudo enfim terminou.

A tua encenação fracassou,
Já não mais me inspiras
Aquelas antigas canções,
Já não fazes parte de meu *show*.

O tempo muda tudo,
O que foi importante um dia,
De repente, vira um caso de estudo,
Para decifrar o que virou uma anomalia.

E nesse carrossel dos delírios,
Que vejo girar à minha frente,
Nossos dias juntos foram delírios,
Que se apagaram subitamente...

Vídeo relacionado: **Phil Trainer - Carousel**
https://www.youtube.com/watch?v=kqkqDyfonqQ

<u>OS CAMINHOS POR ONDE VENHO</u>

Ao ver seu olhar deslumbrante,
Tão lindo que merece um desenho
E esse seu riso tão irreverente,
Que conseguiu desfranzir o meu cenho,
E no instante seguinte
Despertou em minha inspiração novo engenho,
Deixe que num instante eu mesmo lhe conte
Sobre os sonhos que ainda tenho,
Antes que você me pergunte
Dos caminhos por onde venho...

A minha carência andava tão grande,
E tentava extingui-la com grande empenho,
Mas antes que seus segredos desvende,
Enquanto ao brilho de seu olhar eu me atenho,
Façamos ao nosso encontro um brinde,
E, embora o silêncio seja do amor inimigo ferrenho,
Peço-lhe por favor que não me pergunte por onde
Andei, nesses lugares dos quais provenho,

Apenas deixe que de minha Poesia eu lhe inunde,
Enquanto em seu corpo com ardor eu me detenho...

Vídeo relacionado: **Frank Sinatra - My way**
https://www.youtube.com/watch?v=LQzFT71LCuc

<u>VIVER DÓI</u>

Viver dói
Quase todos os dias
Recordar desconstrói
Sonhos e fantasias
E quando as noites descem
A escuridão nos assusta
As feridas crescem
E resistir muito nos custa
Pois a vontade que dá
É de desmoronar
Por causa do amor que já não há
E partiu para nunca voltar
Por isto as noites são assim
Carregadas de solidão
Aprisionados numa torre de marfim
Com as memórias de uma perdida paixão

Vídeo relacionado: **Cher - Love hurts**
https://www.youtube.com/watch?v=POwv-LzAXVI

ENFERMO

Estou irremediavelmente enfermo,
Vagando pelas noites como uma sombra,
Sob o jugo de uma doença incurável,
Que chamam por aí de saudade...

Vídeo relacionado: **Bobby Goldsboro - Honey**
https://www.youtube.com/watch?v=ShAkerGftoU

<u>APENAS OUTRA DESILUSÃO</u>

Você foi apenas mais uma desilusão,
Entre tantas outras que já tive,
E talvez nem seja a última,
Mas doeu mais do que de costume,
Pois sonhei muito além
Do que seu olhar me prometia,
Construindo castelos no ar,
Que desabaram,
Em rápida sucessão,
Um após o outro,
E a areia dessa demolição
Entranhou-se em meus olhos,
Fazendo brotarem lágrimas,
Que lá não deveriam estar,
Pois castelos aéreos são etéreos,
Construídos sobre nuvens,
Que os ventos carregam
E nunca mais devolvem ao mesmo lugar...

Vídeo relacionado: **Pete Yorn - Just another**
https://www.youtube.com/watch?v=3yabclptLqI

ANIDRO

Meu coração parecia de vidro,
E à primeira desilusão, logo se quebrou,
E depois disso, tornei-me anidro,
E minha alma nunca mais cicatrizou.

Muitos anos depois, continuo blindado,
Nunca mais uma lágrima de meus olhos brotou,
Dos sonhos de amor, continuo afastado,
Desde que meu coração se estilhaçou.

Talvez tenha desistido da felicidade,
Mas das dores de andar, também desisti,
Já nem sei se aquele amor era de verdade,
Mas nunca mais com inúteis paixões insisti.

Pode ser que seja mais sensato ser desse jeito,
De que adianta correr atrás de grandes ilusões,
E depois ficar de novo sozinho num leito,
Se o mundo continua a girar sem as paixões?

Vídeo relacionado: **Maria Bethânia - Não dá mais pra segurar (Explode coração)**
https://www.youtube.com/watch?v=7POZ1uT7jm4

PRECIPÍCIO

Caminhei em direção ao abismo,
E, por instantes, parei na beirada,
Recapitulando os bons e os maus momentos,
Amores perdidos,
Decisões equivocadas,
Negócios que não deram certo,
Erros que cometi ao longo dos anos,
E que nunca mais consegui corrigir,
Lembrando amigos queridos que se foram
Para destinos desconhecidos
E que talvez reencontrasse agora,
Levando-me a esse precipício,
Do qual nem enxergo o solo,
E então, acidentalmente,
Meu pé escorregou,
Dei um passo à frente,
E despenquei no vazio,
E de repente, olhando para cima,
Vi que em minhas costas

Surgiram asas gigantescas,
Maiores do que as um condor,
E comecei a planar entre as nuvens,
Como se fosse um anjo,
Rumo ao Paraíso celeste,
Voando entre as águias,
Fazendo rasantes sobre aviões de carreira,
E sendo perseguido por supersônicos,
Que pensavam que eu era um alienígena!
E foi então que despertei daquele sonho,
No qual eu ousara desafiar o destino
E brincar de divindade...

Vídeo relacionado: **Chris De Burgh - Flying**
https://www.youtube.com/watch?v=61cjxEMvor4

<u>SEM SAUDADE</u>

Ela se foi, sem deixar nem saudade,
Nada que pudesse lembrar-me dela,
Mas por que me acomete essa insanidade
De esperar que volte, olhando pela janela?

Vídeo relacionado: **Sade - I miss you like the deserts miss the rain**
https://www.youtube.com/watch?v=hRTWtLnsPnA

<u>AMORES CLANDESTINOS</u>

Amores clandestinos
São acidentes de percurso,
Que não deveriam ter acontecido,
Mas acontecem,
Numa distração inexplicável,
E então pairam,
Como uma guilhotina
Sobre a sua cabeça!
Amores inesperados são assim:
Basta uma distração,
Um olhar casual
Que desperte interesses
Ou tire do limbo
Paixões reprimidas
Jamais libertadas,
E, de repente,
Antes que se perceba,
Já é tarde demais
Para voltar atrás

E fingir que não aconteceu...
E agora, o que fazer,
Como retirar esse invólucro
Colocado no coração,
Sem cirurgia?
Como revelar o que não pode ser revelado,
Sem causar traumas e mágoas,
Deixando o futuro nebuloso
E sem qualquer controle dos atos,
E como apagar o passado,
Sem também tornar incerto o futuro?

Vídeo relacionado: **Udo Jurgens - Walk away**
https://www.youtube.com/watch?v=ik7DOzwsPGM

<u>AQUELE PRIMEIRO POEMA</u>

Meu primeiro poema de amor
Foi entregue, junto a uma linda flor,
Para alguém
Para quem eu era ninguém,
E aquele poema,
Que tinha a paixão como tema,
Mas nada tinha de métrico,
Teve um destino tétrico,
Pois foi jogado numa lixeira
Por aquela moça faceira,
E nunca mais foram lidos
Aqueles versos sentidos,
Que se perderam,
Entre lixos que apodreceram,
Depois daquele episódio,
Motivado pelo inusitado ódio
Daquela moça que eu tanto queria,
Mas jogou no lixo minha poesia...

Vídeo relacionado: **Phil Collins - I've forgotten everything**
https://www.youtube.com/watch?v=BimgeVDEk2E

<u>O INVERNO EM MIM</u>

Desde que perdi você,
O inverno em mim se instalou,
Um bloco de gelo
Tomou o lugar
De meu coração,
E nunca mais derreteu.
E esse frio infernal
Que invadiu minha alma
Congelou minhas ilusões
E bloqueou as paixões,
Eternamente mantidas à distância,
Sem espaço para romances,
Olhares fulminantes
Ou sequer simples flertes.
E, tantos anos depois,
Continuo tiritando de frio,
Mesmo nas noites mais quentes,
Pois o inverno de sua ausência
Nunca mais me deixou...

Vídeo relacionado: Adam Pascal - Winter light
https://www.youtube.com/watch?v=24n_PfTay_M

<u>CONTRATO VENCIDO</u>

Nosso contrato de amor venceu,
E nunca será renovado,
O que havia entre nós se perdeu,
E tristemente foi sepultado.

Não precisamos passar no Cartório,
Pois o contrato não fora registrado,
Para que, se foi um amor ilusório,
Cujo destino era ser imolado?

Rasgamos aquele infeliz documento,
Nascido de um mero capricho,
E no final virou um tormento,
Cujo único fim era uma lata de lixo.

Entre mortos e feridos, morreu só o amor,
Que talvez jamais tenha existido,
Resgatei aquele meu olhar sonhador,
Para alguém para quem ele faça sentido...

Vídeo relacionado: Jessica Harper - Old Souls
https://www.youtube.com/watch?v=4efmfbF_7Do

CASTELOS NO AR

Enquanto eu a amava,
Você me ensinava
A construir castelos no ar,
Construídos com a essência do sonhar,
Que não passavam de navios sem mastro,
Investimentos sem lastro,
Afinal fracassados
E depois sepultados
No oceano da desilusão!
E agora, que acabou aquela paixão,
E que já desvendei seus mistérios,
O que faço com esses trágicos castelos etéreos?

Vídeo relacionado: **Don McLean- Castles in the air**
https://www.youtube.com/watch?v=Ck9WtkedYSI

<u>SOBRE SEGUNDAS CHANCES</u>

Não lhe dei uma segunda chance
Para tentar reparar o seu erro,
Sepultei de uma vez nosso romance,
E sequer compareci ao enterro!

Jamais senti qualquer segurança
Em relação aos seus sentimentos,
Nunca nutri qualquer esperança
Baseada nos primeiros momentos!

Nem devíamos ter começado esse caso,
Acho que naquele dia estava fragilizado,
E encantei-me, pois você estava um arraso,
Naquela festa, para a qual nem fora convidado!

E, quando vi que você me encarou,
Como se eu fosse a última cereja do bolo,
E depois, devagar de mim se aproximou,
Eu me iludi, se é que isto serve de consolo.

Mas, depois de algum tempo juntos,
Você revelou sua verdadeira face,
Aos poucos minguaram nossos assuntos,
Por mais tristes que isto nos tornasse...

E, algum tempo depois, desisti,
Descobri que nada temos em comum,
Nem sei por que tanto tempo resisti,
Dos sonhos que tínhamos, não restou nenhum...

Vídeo relacionado: **Air Supply - Chances**
https://www.youtube.com/watch?v=1VXR0GBkUK0

<u>PORTAS FECHADAS</u>

Há inúmeras portas
Que devem permanecer fechadas
Pois atrás delas há coisas mortas
Que devem ser ocultadas
De olhares curiosos
Atrás de segredos inconfessáveis
Que podem gerar ódios furiosos
Com consequências inimagináveis
Desvendar alguns segredos é proibido
Mas há pessoas que ignoram o aviso
E tentam descobrir o que não é permitido
Mas são lábios que não valem um vintém
Esses doidos para revelar de improviso
Os doces segredos de alguém

Vídeo relacionado: **Paul Carrack - Eyes of blue**
https://www.youtube.com/watch?v=Tiy6OWJFU-M

<u>SEM ADEUS</u>

Quando ela despertar,
E virar-se para o meu lado,
Para dar-me 'Bom dia',
Descobrirá que não estou!
Depois de escovar os dentes,
Vai me procurar pela casa,
E só então saberá que saí.
Ligará para o meu celular,
E, quando eu não atender,
Deixará uma mensagem,
Pedindo para retornar a ligação.
Horas depois, ainda sem resposta,
Abrirá meu armário,
E descobrirá que está vazio,
Assim como o meu escritório,
Onde não estarão o meu note,
As minhas pastas de arquivo,
E alguns de meus livros.
Ligará novamente,

E, sem resposta,
Só então sentirá
O peso de minha ausência,
Mas então, já será tarde demais,
Pois meu voo já terá decolado,
Levando-me para longe
Daquela vida onde morri,
Mesmo ainda respirando,
Mas virei apenas um fantasma vivo,
Feito de carne e osso,
Mas do qual se ausentou o espírito,
Que jaz em algum canto daquela casa,
Para onde jamais voltarei...”

Vídeo relacionado: **Glen Campbell - By the time I get to Phoenix**
https://www.youtube.com/watch?v=2dkgxfOqjws

A MESMA HISTÓRIA

Conto sempre a mesma história,
Sobre dias dos quais jamais me esqueço,
E permanecerão em minha memória,
Como se fosse possível um recomeço,
Embora saiba que isto é impossível,
Pois na poeira da ampulheta o passado ficou,
Deixando em mim ecos desse amor incrível,
Que em minha Poesia se perpetuou,
Mas a verdade irrefutável
É que aqueles poucos felizes dias,
Em que vivemos um amor memorável,
Hoje vivem apenas em minhas fantasias,
E lá permanecem, indelevelmente,
Apenas se passaram naquele inesquecível verão,
Pois os acontecimentos dessa história recorrente
Permanecem em meus versos, mas jamais voltarão...

Vídeo relacionado: Kenny Rogers - You decorated my life
https://www.youtube.com/watch?v=VHyacDFrhUo

<u>NOITES ASFIXIANTES</u>

Era uma vez dois amantes,
Que um do outro se perderam,
E, depois de noites asfixiantes,
Aos poucos, enlouqueceram,
E, mesmo em seus sonhos delirantes,
Nunca mais se esqueceram...

E, nas histórias que contam
De como o amor foi embora,
Lágrimas dos olhos despontam,
Expondo a mesma dor de outrora,
E com a saudade se defrontam,
Mostrando-a de dentro para fora...

Naqueles infelizes apaixonados,
Nada nunca mais foi como antes,
Em seus corações dilacerados,
Nos olhos baços que eram brilhantes,
Mas, no fundo, continuam enamorados,

Presos para sempre àqueles doces instantes...

Vídeo relacionado: **Roger Hodgson - Lovers in the wind**
https://www.youtube.com/watch?v=36BjvphnFyY

<u>PERGUNTAS NÃO RESPONDIDAS</u>

Ó, Senhor de múltiplos universos,
Perdoe-me por meus versos
Tão pouco puritanos,
Insanos,
Lascivos,
Reflexivos,
Candentes,
Ardentes,
Questionadores,
Demolidores,
Eróticos,
Neuróticos,
Onde se escondem
Perguntas que não me respondem
Sobre os tantos mistérios
Deixados por tantos impérios,
Que, imponentes, se ergueram,
E depois desapareceram,
Sugerindo novas questões

Sobre sua queda, que traz novas lições
A respeito da aventura humana
E de sua sede de sangue profana...

Vídeo relacionado: **Stephen Schlaks - Questions and answers**
https://www.youtube.com/watch?v=DNzxwwdakEU

<u>AO REDOR DOS TEMPLOS</u>

Ao redor dos templos,
Desde épocas imemoriais,
Pratica-se o livre comércio
De oferendas,
Objetos de adoração,
Imagens nem sempre sacras,
E outros itens controversos,
Que pouco (ou nada) têm a ver
Com o que se procura lá dentro...
Toda a preparação e os ornamentos
Nesses templos de oração
Têm a ver com a religião,
Mas, no fundo,
Se analisarmos o cerne deles,
Veremos que é tudo um teatro
(Salvo honrosas exceções),
Onde o verdadeiro objeto
É a troca de favores:
Salvação de almas

(Sem a menor garantia!),

Em troca de bens ou dinheiro...

Os milênios passam,

E isto não muda,

Criam-se novas religiões,

Que geram novos falsos profetas,

Espantosamente ricos,

Ostentando seus bens

Como se fossem divinos,

Mas comprados com o mesmo dinheiro

De quem tentou comprar,

Como se isto fosse possível,

O direito de entrar no Paraíso...

Vídeo relacionado: **Katharine McPhee & Chris Mann - The prayer**
https://www.youtube.com/watch?v=KOmPql0GBRI

(R)EVOLUÇÕES POÉTICAS

Meu cérebro pratica
(R)evoluções poéticas,
Criando versos ardentes
Que ousam girar
Ao sabor das rimas
Ou da sonoridade,
Procando risos
Ou lágrimas
(Às vezes, ambos),
Contando histórias
Quase sempre imaginárias,
Sopradas em minha mente
Por células que fabricam Poesia,
Neurônios entusiasmados
Ou sinapses descontroladas,
Que controlam meus dedos
E pensamentos,
E, quando percebo,
Mais um poema foi gerado,

E, quando o leio,
Às vezes fico pasmo
Por tê-los fabricado
Em apenas alguns instantes febris...

Vídeo relacionado: **Connie Talbot - Always on my mind**
https://www.youtube.com/watch?v=4f42jNOcTKg

DESMEMÓRIAS IV

Foi num dia fatídico
Quando você me deixou
Sem memória nem documentos
Que provassem que você existiu
Por um instante sequer
Em minha vida
Mas em alguma sinapse perdida
Nos recônditos de minha mente
Seus ecos ainda ecoam
O som de suas risadas
Aqueles beijos inebriantes
Nas noites mais frias
Brincando de explorar cavernas
Entre gemidos e sussurros
Debaixo do cobertor
Embriagando-me de amor
Nessas estranhas memórias apagadas
Que sua ausência me provocou

Vídeo relacionado: **Lucy Thomas - Memory**
https://www.youtube.com/watch?v=4v-cJX17xy4

CONVERTENDO SONHOS EM POESIA

Meu cérebro maluco

Converte sonhos em Poesia,

E depois de concluídos,

Os poemas neles baseados

Até parecem espelhos da realidade,

Mas na verdade brotaram

Dos recônditos de minha mente

Onde, bem lá no fundo,

Em alguma aglomeração de sinapses,

Funciona uma fábrica de poemas,

Que produz versos até quando estou dormindo,

E, às vezes, desperto no meio da noite

Com um poema que nasceu de um sonho,

E então, meus dedos criam vida própria,

E percorrem velozes o teclado,

Até que o poema nascido de um sonho

Cria asas e aprende a voar...

Vídeo relacionado: **Rita Moss - Just a dream ago**
https://www.youtube.com/watch?v=HJJyHCKVt6Y

PACIÊNCIA ESGOTADA

Minha paciência já está esgotada
Com esses políticos trapalhões,
Juram honestidade, mas roubar é sua rotina
Sua pretensa virtude é só uma patuscada,
Pois são verdadeiros vendilhões,
E entregam até a mãe por alguma propina!

Se é que algum político honesto já existiu,
Foi bem antes de algumas das últimas eleições,
Pois, para se elegerem, gastam além do que ganhariam
Em todo o mandato, onde é que já se viu?
Esses políticos de hoje não passam de vendilhões,
Se lhes tirassem as propinas, como sobreviveriam?

Uns aos outros, eles se protegem,
Resguardados pelo foro privilegiado,
Onde o Brasil tem mais de 50.000 abrigados,
E dão uma banana aos eleitores, depois que se elegem,
Apenas 4 (ou 8) anos depois, lembram-se do eleitorado,

Por que ter respeito por vereadores, senadores ou deputados?

Vídeo relacionado: **Nouvelle Vague - In a manner of speaking**
https://www.youtube.com/watch?v=3zgLUMG1d3Q

<u>VOO</u>

Em alguns sonhos, alço voo,
Rumo à estrela mais próxima,
Como se ela estivesse
A apenas alguns quilômetros de altura,
E não tivesse o freio da gravidade,
Que não me deixa chegar ao espaço,
Mas sonhos são assim, sem limites,
O lado oculto da mente não os conhece,
Assim como não o conhecemos,
Mas é lá que moram os sonhos proibidos,
Os nossos anseios e fantasias,
Que não ousamos confessar ao mundo,
Pois provavelmente nos tomariam por loucos,
E, provavelmente, é isto que os caracteriza,
A falta de medo de realizarem seus sonhos...

Vídeo relacionado: Chris De Burgh - Flying
https://www.youtube.com/watch?v=u_0WjZ8YxVk

ETERNO DESENCONTRO

Desencontramo-nos tantas vezes,
Parece que o destino não nos aceita,
Perdemos contato quase todos os meses,
A atmosfera de nosso romance anda rarefeita!

Ligo para você, mas você não atende,
E quando liga de volta, não escuto o toque,
Quando estamos juntos, você não me entende,
E fico com receio de que por outro me troque!

E dias depois, passa uma mensagem,
Perguntando por que foi que de repente sumi,
E envia-me pelo WhatsApp uma linda imagem,
Querendo saber por que até hoje não a assumi!

Mas o fato é que você não me passa confiança,
Acho que tem outro(s), mas não me revela,
E é por isto que nosso caso nunca avança,
Mas, cada vez que nos vemos, está ainda mais bela!

O que acha de acabarmos com esse eterno desencontro,
Como podemos evitar que você sempre me enrole,
Pois, se como disse o poeta, a vida é a arte do encontro,
Como fazermos com que esse nosso caso finalmente decole?

Vídeo relacionado: **Vinicius de Moraes - Samba da bênção**
https://www.youtube.com/watch?v=Fz0eddwTjnk

PASSAGENS SECRETAS

Nos labirintos de minha mente,
Algumas passagens secretas
Levam-me direto ao seu quarto,
De onde, atrás do espelho,
Analiso o seu feitiço,
Cada vez mais enfeitiçante,
No qual fiquei viciado,
E não consigo curar-me,
Mesmo porque não o quero,
Pois de que adiantaria
Curar-me de suas bruxarias,
Desse seu sorriso magnífico,
De seus doces gemidos
Que escuto noites adentro,
Através desses corredores
Serpenteantes,
Alucinatórios,
Cheios de armadilhas
E imagens nossas refletidas,

Um no outro emaranhado,
Através de noites sedentas,
Viciantes,
Tantalizantes,
Inesquecíveis,
Mentalizadas e refletidas
Nesses caminhos alucinantes
Que me conduzem até você?

Vídeo relacionado: **Secret Garden - Cause of You**
https://www.youtube.com/watch?v=b4BZ3G6KzDE

<u>SOMENTE NOS SONHOS</u>

Sonho contigo
Quase todas as noites,
E nos sonhos
Continuas viva,
Linda,
Exuberante,
Ao contrário da vida real,
Na qual partiste
Para alegrar o Paraíso
Com tuas risadas...
Mas, quando acordo,
A tristeza volta,
Nessa solidão opressora
Provocada por tua ausência,
Sem esse terno fantasma
Que alegra meus sonhos,
Pois, quando desperto,
A realidade é assustadora,
Mesmo sabendo que me esperas

Junto aos anjos,
Para nunca mais
Nos deixarmos outra vez...

Vídeo relacionado: **Barbra Streisand - I 've dreamed of you**
https://www.youtube.com/watch?v=Tco3odyN5eQ

<u>BERÇÁRIO DE POEMAS</u>

De repente,
Sem que eu perceba
Como foi que começou,
Palavras disparam a bailar
Em minha mente hiperativa,
Sem que eu nem saiba
Qual foi o estopim
Para essa avalanche de letras,
Que nadam no oceano
De minha imaginação,
Nesse berçário abundante,
Junto a sereias
E outros seres imaginários,
Entre os quais antigas amantes
Que jamais existiram,
E, em apenas alguns minutos,
Quando dou por mim,
Da ponta de meus dedos,
Mais um poema nasceu...

Vídeo relacionado: **Dave D. Robinson - Words of love**
https://www.youtube.com/watch?v=SCHfaNEj9JU

<u>LENDAS ANTIGAS</u>

Lendas antigas são contadas,
Desde épocas memoriais
Ao redor das fogueiras,
Relatando fatos estranhos,
Ainda não explicados,
Visitas de alienígenas,
Tratados como deuses
Pelos povos antigos,
Que deles fizeram estátuas e gravuras
Em barro, pedra ou em pinturas rupestres,
Eternizadas em templos suntuosos
Ou em antigas cavernas,
Nas quais retratavam suas roupas espaciais,
Capacetes, armas desconhecidas e avançadas,
Armaduras, carruagens voadoras,
Eternizadas em várias obras de arte antigas,
Histórias relatando que vieram de outros mundos,
E que, com sua tecnologia avançada,
Ergueram construções fantásticas

Ao redor do mundo inteiro,

Utilizando instrumentos avançados

Para construir monumentos imensos,

Impossíveis de serem construídos por mãos humanas,

Sem qualquer espécie de ferramentas avançadas,

Construções megalíticas como Macchu Picchu ou Puma Puncu,

Com blocos enormes perfeitamente encaixados,

Os monólitos de Copán ou Sacsay Huáman,

A lápide de Pacal, as pedras imensas de Stonehenge,

A cidade megalítica abandonada de Nan Madol,

Na ilhota isolada de Pohnpei, na Micronésia,

Usando pelo menos 200 milhões de toneladas de enormes blocos de basalto,

Inexistentes em nenhum lugar próximo daquela ilhota

(Transportados de que forma e cortados com quais ferramentas avançadas?),

Com monólitos de 10 toneladas cada um, empilhados até alturas colossais,

E inúmeras outras construções improváveis, em diferentes continentes,

Que ainda hoje seriam quase impossíveis
De serem construídos com a tecnologia atual,
Espaçoportos, com linhas demarcadas no chão, como na
planície de Nazca,
Com figuras de imensos pássaros, só distinguíveis de
grandes alturas
(Como conseguiram essa façanha, apenas escavando o
chão?)
Para serem vistas até do espaço,
As pirâmides do Egito, Chichén Itzá ou de Teotihuacán,
Esfinges, templos imensos em todo o mundo,
Em honra daqueles pretensos deuses,
Com rochas enormes,
Milimetricamente cortadas
E encaixadas em desenho perfeito,
Enormes cidades abandonadas,
Cheias de memoriais a deuses desconhecidos,
Com câmaras escondidas
Apontando para as mesmas estrelas,
Revelando inacreditáveis conhecimentos estelares,
Em mistérios jamais explicados pela ciência,

Deuses que, depois de deixarem sua marca,
De repente desapareceram,
Voltaram para casa,
Ou simplesmente continuam por aqui,
Em seus discos voadores
Vistos às centenas,
Com incontáveis relatos de testemunhas,
Sempre desmentidas pelos governos,
A quem não interessa
Confirmar a presença de alienígenas,
Que estiveram por aqui desde sempre,
E ainda continuam, disfarçados,
Acompanhando a evolução da humanidade,
Pois talvez sejamos apenas seus descendentes (ou
experimentos)...

Vídeo relacionado: **Yakiv Holovko - What a wonderful world**
https://www.youtube.com/watch?v=5nNdUf5JdEY

RARIDADE

Amores perpétuos são raridade,
Pois a maioria de repente acaba,
Não se perpetuam pela eternidade,
Subitamente o desejo desaba!

Quando se vê, o inverno chegou,
A alma congela em pleno verão,
Parecia perfeito, mas terminou,
O amor transmutou-se em desilusão!

Os olhos, espelhos da alma, refletem
Que todo o encanto desapareceu,
Os sentimentos apenas derretem,

O prazo de validade venceu,
As brigas ferozes só se repetem,
Na alma ferida, o amor se perdeu...

Vídeo relacionado: **Richard Sanderson - Reality**
https://www.youtube.com/watch?v=vLz7yD38jaw

ESSA FACA

Essa faca que me cravaste,
Invasora invisível,
Até o cerne enfiada
Em minha alma,
Profundamente enterrada,
Machuca, agride
Até as minhas memórias,
Pois gravou tuas digitais
Para sempre
Inseridas dentro de mim...

Vídeo relacionado: **Rockwell - Knife**
https://www.youtube.com/watch?v=-kY2Kif6OqE

EM FUGA

Fujo de ti, como o diabo da cruz,
Como se fosses venenosa,
Ou se minha seiva sugasses,
Convertendo em trevas minha luz,
Ou se tivesses alguma doença contagiosa,
E não se conectam as nossas interfaces.

Em cada vez que nos encontramos,
E mergulho nesse olhar cheio de encanto,
Perco com completo a compostura,
Nos poucos instantes em que nos encaramos,
E não sei por que teu sorriso afeta-me tanto,
Nem por que até tremo ao ver tua formosura!

Afinal, de ti não não tenho medo,
Nem de juntar nossas vidas,
Mas, mesmo assim, de te amar sinto pavor,
E por isto não cedo
Às promessas contidas

Em teu olhar sedutor!

Vídeo relacionado: **Leona Lewis - Run**
https://www.youtube.com/watch?v=Lk4NoA2iV3I

<u>SEM REMOS</u>

Abandonei os remos,
Que me guiavam de desilusão em desilusão,
E meu barco segue agora sem rumos,
Ao sabor das correntes
Ou do destino,
Para onde o vento me leva,
Não importa onde seja,
Mesmo que chegue tarde demais
Ao porto onde me aguardava o amor,
Ou ao encontro de mais uma decepção,
Mas cansei-me de ser conduzido
Por aqueles remos desalinhados,
Que jamais me conduziam
Para onde eu sonhava
(Ou com quem!),
E agora, entregue à fúria dos ventos,
Ou sem poder me mover,
Nas piores calmarias,
Sinto, estranhamente,

Que sou dono do meu próprio destino...

Vídeo relacionado: **The Rokes - The wind will carry them by**
https://www.youtube.com/watch?v=fI043h9rOCo

DESCULPAS

Peço desculpas a quem não ofendi,
Mas que não gostou do que escrevi,
Provavelmente por divergência de credos
(Ou de opiniões políticas ou poéticas!),
Pois algumas opiniões não se discutem,
Pelo contrário, lamentam-se,
E assim sendo, ignoro solenemente
A ausência de aprovação às minhas palavras,
Que continuarão disparando balas
Em direção às coisas com as quais não concordo,
Rompendo muros, saltando obstáculos,
Sugerindo soluções aos problemas,
Ou apenas distribuindo lindos versos de amor...

Vídeo relacionado: **Brad Doucette - Triple sorry**
http://www.youtube.com/watch?v=h-GrX0zE5H8

<u>BONS TEMPOS</u>

Lembro-me com frequência
Dos velhos tempos de outrora,
Da juventude dourada,
De todos os planos,
Dos amigos inseparáveis
Dos quais a vida me separou,
De minha família,
De minha mãe que nos deixou tão cedo,
Mas meu pai manteve a família unida,
Inseparáveis, como somos até hoje,
Do *trottoir* na Av. Tocantins aos domingos,
Bem em frente ao prédio onde eu morava,
Onde os jovens desimpedidos buscavam seu par,
Das aulas no Liceu de Goiânia,
Das classes com tantas moças bonitas,
Dos bilhetes que alguém deixava em minha carteira,
Sem jamais se identificar,
Mas eu pensava que sabia quem era,
Mas, tímido demais, jamais me declarei,

Das paqueras, das primeiras namoradas,
Das festas e dos bailes,
Dos barzinhos, com amigos queridos,
Das músicas românticas e lindas,
Que dançávamos de rosto colado,
Dos namoros vigiados pelos pais da namorada,
Dos tempos de Universidade em Brasília,
E dos grandes amigos que lá encontrei,
Que o tempo fez ainda mais amigos do que então,
Irmãos que adotei para a vida,
Inseparáveis amigos que continuam
Encontrando-se sempre que possível,
Bons tempos que se foram,
Deixaram saudades
E na memória sempre viverão...

Vídeo relacionado: **F. R. David - Good times**
https://www.youtube.com/watch?v=lyy3A5PuLmo

ALGUNS DIAS

Ela só me amou por alguns dias,
E depois disto, sumiu pelo mundo!
Será que se lembra das fantasias,
Dessas lembranças das quais me inundo?

De nossos beijos ainda se recorda
Ou talvez de nossas transas audazes?
Será que pensa em mim quando acorda,
Ou suas memórias são só fugazes?

Os seus sonhos eróticos frequento,
Ou a ampulheta foi minha algoz?
Ainda frequento o seu pensamento,

Então ouve os ecos de minha voz,
Será que chora em algum momento,
Ou já nem sequer se lembra de nós?

Vídeo relacionado: **Joanna - Momentos**
https://www.youtube.com/watch?v=h4ChH0DSXvo

<u>ARTIMANHAS</u>

Sempre me lembro de suas artimanhas
E daquelas suas teimosias ferrenhas,
Que invadem as memórias que deviam ser minhas,
E se converteram nessas lembranças medonhas,
Rasgando meu peito aberto com suas unhas...

Dessas memórias estranhas, eu não escapo,
Mas com esses devaneios ainda me estrepo,
Mas você não faz mais o meu tipo,
Já nem a vejo no fundo do meu copo,
E de tê-la deixado, não mais me culpo...

Mas às vezes, ainda me vem uma lembrança fugaz,
E o que fomos volta a me assombrar outra vez,
E por algum tempo, ficam essas memórias vis,
A me lembrar, por alguns momentos, de nós,
Daquele amor cego que roubou minha luz...

Vídeo relacionado: **Marisa Monte - O que me importa**
https://www.youtube.com/watch?v=QFEpJE3i5Uo

LABOR

Feliz é aquele que trabalha,
Honestamente, de Sol a Sol,
Pois a recompensa não lhe falha,
Até no país do futebol.

Deus premia quem cedo acorda,
Com sorte, honra e alegrias,
E quem dos amores se recorda,
Em seus sonhos e nas fantasias.

Aos que seu trabalho dignificam,
Recompensas são oferecidas,
Em maravilhas que não se explicam,

Às pessoas que são desprendidas,
Àqueles que o bem sempre praticam,
E se derramam pelas suas vidas...

Vídeo relacionado: **Flora Martínez - Happy**
<u>https://www.youtube.com/watch?v=jIDVZK6e3nA</u>

SOPRO

Em meus sonhos,
Disse-me Jesus:
Quando eu me fiz sangue,
Em um de teus avatares,
Tu me lavaste,
Com mãos amorosas,
Com a tua própria túnica,
E então eu te abençoei,
Por todas as vidas futuras,
E, do alto da cruz
Onde me pregaram,
Enxerguei tuas lágrimas,
Copiosas, amorosas,
Doloridas,
E soube que eras para sempre
Um de meus súditos!
Por isto, meu filho,
Não te preocupes,
Continues a escrever esses versos

Que eu te sopro,
Em todas as horas,
Disfarçado de vento,
Ou em teus sonhos,
E espalhes esperança
Doçura,
Encantamento,
E atices fogo nos olhos
Em quem alcançares,
Com a força das palavras
Que eu te inspiro,
E um dia, em pouco tempo,
Depois de cumprida tua missão,
Virás a mim,
Em minha casa
De múltiplas moradas,
E juntos cantaremos
Essas doces canções
Que eu te ensinei...

Vídeo relacionado: **Bee Gees - Words**
https://www.youtube.com/watch?v=LWgJ8a4EwAI

<u>BURNING</u>

Life passes by
Burning all the dreams
That I ever had
Destroyed by time

Except of your love
And I'm going old
Sad and introspective
With my Poetry

It's all around me
Forgetted on corner
By the destiny

With all my flames
Turning into ashes
Blowed by the wind

Vídeo relacionado: **Pink Floyd - Burning bridges**
https://www.youtube.com/watch?v=8U1TKCGI9uQ

ÍNDICE

ÍNDICE ALFABÉTICO

ÍNDICE DE VÍDEOS

COMENTÁRIOS DE OUTROS ESCRITORES SOBRE POEMAS DESTE LIVRO:

Odete Moreira Lima: Lindíssimo! Lindo versar... Parabéns, ilustre poeta!
Ana Maria Taveira Miguel: Maravilhoso!
Vanessa Lima: Lindo demais.
José M. Ferreira: José M. Ferreira: Belíssimo versejar, estimado poet'amigo.
Inacia Maria: Maravilhoso!
Rosaly Fleury: Divino versejar!
("CONFISSÃO")

José M. Ferreira: Que maravilha...
Inacia Maria: Maravilhoso!
("ENFERMO")

Marisa (a)Penas: Bem trágico!
José M. Ferreira: Profundo e magnificamente poetizado.
Nadja Silva Sánchez: Lindo demais!
Vanessa Lima: Magnífico.
Inacia Maria: Fabuloso!
("ESSA FACA")

Nadja Silva Sánchez: Sensacional...

Vanessa Lima: Fabuloso.
Inacia Maria: Excelente publicação!
("ETERNAMENTE")

Nadja Silva Sánchez: Que brilhante escrita!!!
José M. Ferreira: Excelente. Bravo!
Vanessa Lima: Magnífico... Aplausos!
("LENDAS ANTIGAS")

Nardélio F. Luz: Simplesmente perfeito.
Inacia Maria: Excelente publicação!
Vanessa Lima: Fabuloso.
Jorge Andrade: Magnífico.
José M. Ferreira: Maravilhoso.
("MOMENTOS E ETERNIDADES")

Patricia Jesus: Lindo!
Inacia Maria: Lindo demais!
José M. Ferreira: Sublime e brilhante.
Vanessa Lima: Magnífico.
Nadja Silva Sánchez: Simplesmente lindo!!!
Rosaly Fleury: Enamorados vivem apaixonados
se a distância existir
as lagrimas irão cair
O amor sempre demora

em corações que vivem sempre
no grande no espetáculo da aurora...
Lindo demais, meu mestre, amigo Marcos Avelino!
(**"NOITES ASFIXIANTES"**)

Vanessa Lima: Magnífico.
Inacia Maria: Magnífico escrito!
Patricia Jesus: Belíssimo!
José M. Ferreira: Fantástico!
(**"OSCAR"**)

Andrea Aparecida: Belo poema.
Nadja Silva Sánchez: Que brilhante escrita!
José M. Ferreira: Brilhante trabalho poético!
Vanessa Lima: Magnífico.
Rosaly Fleury: Belíssimo versar! Gratidão, mestre!
Inacia Maria: Que maravilha!!!
(**"PASSAGENS SECRETAS"**)

Teodoro Ramos: Lindo e inspirado poema, como são
todas as suas composições! Parabéns!
José M. Ferreira: Magnífico.
Vanessa Lima: Fabuloso.
Inacia Maria: Magnífico!
Jorge Andrade: Espetacular, ilustre poeta.

Nadja Silva Sánchez: Excelente publicação!!!
("PERGUNTAS NÃO RESPONDIDAS")

José M. Ferreira: Intenso e brilhantemente poetizado.
Vanessa Lima: Magnífico.
Inacia Maria: Excelente publicação!
("PORTAS FECHADAS")

Elacy Amorim: Lindo!
José M. Ferreira: Belíssimo desenrolar poético.
Vanessa Lima: Magnífico.
Inacia Maria: Maravilhoso!
("SEM ADEUS")

Gleide Silva: Que maravilhoso!!! Deus te abençoe!!
Você é um fenômeno da literatura, tem que se destacar
também junto aos imortais da ABL!!! Você tem muito
mais talento que eles!!!
Marisa (a)Penas: Muito lindo!
José M. Ferreira: Espetacular.
Inacia Maria: Magnífico!
Vanessa Lima: Fabuloso.
("SOPRO")

Nadja Silva Sánchez: Show, parabéns.

Inacia Maria: Lindo demais, parabéns!
Vanessa Lima: Magnífico.
José M. Ferreira: Magnífico.
(**"VIVER DÓI"**)

<u>SOBRE O AUTOR</u>

Engenheiro Eletricista pela Universidade de Brasília por formação, Analista de Sistemas por opção, poeta por destino, casado, 2 filhos e 1 neto, apreciador de boa música, cinema, literatura, HQs, seriados e amigos (não necessariamente nesta ordem).

Participante das antologias:

- **"Declame para Drummond 2012"** (2012), com o poema **"Máscaras"**;
- **Antologia 2015 – Literatura Goyaz"** (2015), com os poemas **"Os oceanos entre nós"** e **"Morpheus"**;
- **"Desafio"** (2016), com os poemas **"Finito","De solidão e de sonhos"** e **"Olhar"**;
- **"Dez Poetas e Eu Vol. 3"** (2016), com os poemas **"Átimo"**, **"Diário"**, **"Julgamento"**, **"Roleta russa"**, **"Buracos negros"**, **"Paronímia"**, **"As últimas gotas de orvalho"**, **"Repositório"**, **"Simplesmente você"** e **"Quando eu te conheci"**; e
- **"Raiz da Poesia"** (2017), com os poemas **"Os segredos que escondes no olhar"**, **"Borboleta"**, **"Autópsia"**, **"La nuit"**, **"O tio da suspeita"**, **"Aldebaran"** e **"Os sons do silêncio"**.

Links dos livros:

- ### Clube de Autores:

- ### Amazon:

Homenageado com uma seção na página do **Templo Cultural Delfos**, relicário da Literatura, com 50 poemas.

<u>MULTIMÍDIA</u>:

• Ao final de cada poema, há um código de barras apontando para um belo vídeo do Youtube. Basta abri-lo com um aplicativo de celular ou *tablet*, como o *QR Code Reader*. A *playlist* completa está no link abaixo.